MW01227489

"EL PODER DEL ACUERDO"

Por Mayra Ortiz

CONTENIDO

Capitulo VIII

- Si dos se ponen de acuerdo

Capitulo IX

- Resoluciones para estar de acuerdo

Introducción

El Poder del Acuerdo surge por la urgencia que Dios puso en mí de buscar las causas por las que tantas relaciones se rompen en todos los tiempos. La urgencia de poder entender las insatisfacciones en la raza humana y poder entender también, a las personas en todas sus manifestaciones de vida. De ese modo podremos cuidar los corazones y vivir vidas saludables a través de conocer verdades que nos hagan libres.

Me resulta interesante como el mismo Dios nos pregunta en: ***Amos 3:3*** *"¿Andarán dos juntos sin estar de acuerdo?"*. Yo creo que el mismo Dios sabía lo difícil que nos sería a nosotros andar juntos sin estar de acuerdo, ya que cada cual quiere hacer lo que entiende o desea sin tomar en consideración los intereses de la otra parte. El poder que hay cuando caminamos en acuerdo es tan poderoso que podemos lograr grandes cosas si lo podemos creer.

Oremos

Le ruego al Padre de nuestro Señor Jesús, que cuando termine de leer este corto libro ustedes hayan podido identificar las deficiencias que operan en sus diferentes relaciones y puedan buscar en el Señor la ayuda necesaria para tener y mantener relaciones saludables, no según su opinión, si no según lo establecido por Dios en su Palabra que es el estándar de vida para usted y para mí, oro esperando sean bendecidos como lo he sido yo, en el nombre de Jesús, amen.

CAPITULO I

LO QUE SE VIVE EN ESTOS TIEMPOS

En estos tiempos estamos viendo cómo se están rompiendo relaciones matrimoniales, relaciones de amistad, relaciones familiares y todo tipo de relación y a veces ni entendemos cual ha sido la causa que provocó ese rompimiento. Por esta causa, los corazones de los seres humanos se están endureciendo cada vez mas levantando barreras infranqueables que impide que haya reconciliación, dejando un sabor amargo en los labios, y por más que lo intentamos, se hace muy difícil traer reconciliación en las relaciones porque nunca, o casi nunca nos ponemos de **Acuerdo** las partes, para buscar un acercamiento entre sí.

Preferimos dejar el tiempo pasar, dejar los asuntos inconclusos en nuestras vidas, asuntos sin resolver o al menos ponerle un punto final y preferimos mejor tirar todo en un baúl bien escondido en nuestro interior y aparentar que todo está bien.

Nos resistimos a confrontar la situación y preferimos negarnos a buscar un acercamiento con el prójimo para perdonar y ser perdonados y darnos la oportunidad de rectificar. Sin embargo, vamos dejando huellas en nuestro caminar difíciles de borrar, llenas de amarguras y dejando un sabor en los labios desagradable sin darnos cuenta que al final del camino la única persona perjudicada es uno mismo y nadie más.

La ignorancia en los seres humanos es tan fuerte que ni siquiera sabemos, o, aunque lo sabemos, no tomamos cuidado de las consecuencias que nos traen los asuntos inconclusos en nuestras vidas. Ahora no se ven los efectos de esas decisiones que hemos tomado, pero con el tiempo, comienzan a salir enfermedades en nuestros cuerpos y dolencias en nuestros huesos además de problemas mentales, que son ocasionados por esos escombros de conflictos que hemos ido almacenando en nuestros corazones que no se solucionaron en nuestro caminar por la tierra. Al fin del día repito, los únicos afectados somos nosotros mismos y los únicos dañados somos nosotros mismos.

No hemos sido creados por Dios para guardar cosas destructivas en nuestro interior, todo lo contrario, hemos sido creados para guardar Su presencia y amar y ser amados. ¡Cuán delicada creación de Dios en nosotros!, sin embargo, por desconocer para que fuimos creados y desconocer lo que debemos de guardar en nuestro interior, hemos acumulado experiencias desagradables, malos ratos, malos recuerdos, falta de perdón, iras, rabias, sinsabores y es a eso a lo que llamamos escombros en nuestras vidas que tienen que ser rastrillados para poder ser edificados sobre una base sólida y poder tener relaciones sanas y fructíferas.

Por no tomar en consideración estas cosas nos convertimos en nuestros propios asesinos sin darnos cuenta. La vida es un constante sembrar y cosechar y aunque no lo creas tu vida es consecuencia de ti mismo, de tus decisiones, de tus actitudes, de tus actos en tu caminar y manera de vivir.

Gálatas 6:7-8

«No os engañéis; Dios no puede ser burlado: pues todo lo que el hombre sembrare, eso también segará. Porque el que siembra para su carne, de la carne segará corrupción; más el que siembra para el Espíritu, del Espíritu segará vida eterna.»

- Esposos que no les interesa satisfacer a sus esposas, ni le interesa en lo más mínimo como valorarlas.
- Esposas que constantemente les bajan la estima a sus esposos por no respetarlos
- Hijos que quieren matar a sus padres
- Padres que manipulan a sus hijos
- Padres que matan mujeres e hijos sin misericordia

Todo se ha vuelto un caos en todo el mundo, mujeres que se sienten esclavas de sus esposos e hijos, cada cual defendiendo su manera sexual sin importarles el daño que le hará a sus generaciones, diciendo "... eso es lo que quiero y punto ..."

En esta ocasión, trataremos, con la ayuda del Espíritu Santo, sacar a la luz llaves estratégicas de la Palabra que nos ayudaran a mantenernos en Acuerdo y por tanto en unidad, y tener relaciones saludables para vivir vidas regocijadas y en comunidad porque no somos islas.

Hemos sido creados por Dios, para convivir unos con otros en armonía, para amar porque somos hijos de un Padre amoroso, para cuidarnos unos a los otros, protegernos y abrazarnos unos a los otros sin importar raza, sexo, lenguaje, ni nación porque "Así como el Padre, el Hijo y Su Espíritu Santo son uno, que seamos uno juntamente con ellos en amor".

Deje que cada palabra que lea le toque el corazón y seamos humildes para recibir lo que Dios Padre dice, *"El que tenga oídos, oiga lo que el Espíritu dice a la Iglesia"* **Apocalipsis 2:11**, pero considero también que no es solo para la iglesia sino para todos los que puedan leer este libro.

Déjenme decirles que mucho de los problemas, si no todos los problemas que enfrenta la humanidad, son ocasionados por la ausencia de una instrucción que nos guie a tomar decisiones correctas y a comportarnos correctamente. Es por ello que el Evangelio no es una religión sino una necesidad urgente de conoce al creador y dueño de todo y así mismo conocer las instrucciones de vida que Él nos dejó. Cuando Jesús nos salvó y nos compró lo hizo para que obedeciéramos las instrucciones de vida que nos dejó el Padre en la Palabra, no por mandato sino por amor, de ese modo podremos andar juntos poniéndonos de Acuerdo primeramente con El y Su Palabra y luego con nosotros y el prójimo. Cada consejo, mandato, enseñanza que nos dejó escrita, advertencia y corrección, han sido dadas por Él, para el bien de nosotros, para preservarnos, para que nos vaya bien, para que todo sea una bendición, así que les exhorto a que seamos obedientes y de una vez por todas nos rindamos a Su voluntad que es buena, agradable y perfecta.

Capítulo II

RELACIÓN

¿Qué significa relación?

Relación es cuando dos o mas personas tienen amistad o trato social con otras personas. Es la correspondencia o trato de una persona con otra. Es el trato o unión que hay entre dos o más personas.

No puede haber relación de un lado y del otro si no hay mutua correspondencia. En toda relación tiene que haber correspondencia de unos con otros, no puede ser solo de un lado. Esta es una de las causas que provoca que las relaciones se rompan, porque una parte se vuelve receptiva y la otra a cambio no responde de alguna manera, a eso se le llama "no correspondencia"

¿Qué quiere decir correspondencia?

Correspondencia quiere decir atenderse y amarse recíprocamente, responder retribuir de algún modo lo recibido. Fíjense que dice "de algún modo", quizás no le correspondas de la misma manera, porque no todos tenemos la misma capacidad para retribuir a la otra parte de lo mismo que nos da, pero de alguna forma le dejas saber a la otra persona que es importante para ti.

Existen distintos tipos de Relaciones

- **Relación de Amistad**: Relación de afecto desinteresado entre personas. La amistad nace cuando las personas encuentran inquietudes y sentimientos comunes. Hay amistades que nacen a los pocos minutos de relacionarse y otras que tardan años en hacerlo.

- **Relación Laboral**: Es la condición necesaria para la aplicación de las leyes de trabajo y seguridad social destinadas a los empleados. Es, además, el punto de referencia clave para determinar la naturaleza y alcance de los derechos y obligaciones de los empleadores respecto de sus trabajadores.

- **Relación Matrimonial**: El matrimonio es la base de la unidad familiar. Es la unidad más integrada, la que mejor logra perpetuarse y la que se auto protege mejor, por tal motivo deberíamos de esperar en Dios para que nos de la persona correcta con los motivos correctos.

- **Relación de Padres, Hijos y Hermanos**: Es un vínculo cercano, íntimo y muy amado, no los escogemos nosotros, son un regalo de Dios y nos lo da con propósitos según sus planes y designios por lo que debemos de ser agradecidos. Él sabe los vasos que usa para que nazcamos y crezcamos en familia.

"Razones por las que buscamos relacionarnos"

A través de la historia los seres humanos han buscado ciertas relaciones interpersonales, porque no hemos sido creados para estar solos. La relación comenzó en Dios cuando nos creó para tener precisamente, relación con nosotros, de echo cuando Dios hizo a Adán, vio Dios que estaba solo, le hizo ayuda idónea y le dio una mujer (**Génesis 2:18**), de modo que somos seres humanos creados por Dios para relacionarnos, y a través de los tiempos lo hemos hecho, quizás nos hemos relacionado con motivaciones equivocadas, pero siempre hemos buscado relacionarnos con otros seres humanos.

¿Con que objetivos hemos buscado relacionarnos?

- Llenar vacíos.
- Lograr anhelos.
- Lograr que nos hagan ver mejor.
- Lograr que nos den algún valor.
- Lograr que nos aporten beneficios.
- Que nos ayuden a lograr propósitos.
- Que nos ayuden a lograr posiciones.
- Porque nos sentimos solos, tristes, etc.

La tendencia humana, a la hora de hacer relaciones lo hace buscando un beneficio personal, o para suplir una necesidad personal, aunque hay casos muy hermosos donde ciertamente la relación tiene la motivación correcta.

Conflictos entre Relaciones

Por causa de los motivos ya mencionados, nuestras relaciones sufren conflictos. Muchos de estos conflictos están arraigados en el corazón humano que provoca una motivación errada al buscar una relación. La Palabra declara en ***Jeremías 17:9*** *"Engañoso es el corazón más que todas las cosas, y perverso; ¿quién lo conocerá?"* y precisamente, de ese corazón nacen:

- Pensamientos equivocados acerca de nosotros y también de los demás.
- Pensamientos de que no lograremos nuestro destino sin ayuda de otros.
- Pensamientos de que solos lo podemos hacer.
- Pensamientos egoístas, pensamientos ...

Y si te das cuenta, son pensamientos, que envuelven tus sentimientos y emociones, los que están rigiendo tu vida, de modo que, de acuerdo a tus pensamientos, de acuerdo a lo que tú concibes que sea lo correcto y desde tu punto de vista estas reaccionando y buscando relaciones sin un fundamento sólido que la sostenga.

Algunas de las causas que provocan que se rompan las relaciones.

Se pudieran mencionar muchas causas que provocan rompimientos en las relaciones, pero entre muchas mencionaremos algunas:

1. **Conflictos internos:** cada persona, por el corazón engañoso y perverso que tenemos y por experiencias vividas en el pasado, experimentamos conflictos internos que nos impide:
   - Saber quiénes somos individualmente.
   - Nos hacen sentir complejos.
   - Inseguridades.
   - Falso valor
   - Egoísmo
   - Orgullo, altivez, etc.

2. **Influencias externas**: estas nos provocan actuar de una manera que quedemos bien con las personas que nos rodean a pesar de nosotros mismos, porque aprendimos a complacerlas para ser aceptados, amados y aprobados por ellos según:
   - Las opiniones de otros
   - Manipulación

- Conveniencias individuales

Toda relación que comienza con una intensión de corazón incorrecta que no esté basada en amor de cierto fracasará.

Pregunto:

¿Las motivaciones por la cuales buscas relaciones están correctas?

¿Qué tal si no la están?

Con la ayuda del Espíritu Santo, que es muy hábil para usar Su espada, la Palabra de Dios, trataremos de hacer entender como balancear nuestras vidas para relaciones saludables. Fuimos creados por Dios para relacionarnos y formar parte de una comunidad donde todos podamos sentirnos cómodos, complacidos y satisfechos. Amándonos, sobrellevándonos, siendo pacientes unos con otros, aceptándonos y ayudándonos cada uno a ser mejores seres humanos, porque, así como te veas tú, me veré yo, pues todos hemos sido hechos por Dios a Su imagen y semejanza, no importando la profesión, los estudios que hayamos hecho. No importando cuan alto nivel de educación tengamos o no, somos semejantes unos a otros y todos a Dios.

Capítulo III

Amós 3:3 "¿Andarán dos juntos, si no estuvieren de ACUERDO?"

Dios nos confronta con una pregunta y nos dice:

¿Podrán andar dos juntos sin estar de ACUERDO?

¿Qué crees tú?

Yo creo que podemos estar juntos por un corto tiempo y estar en desacuerdo, podemos estar juntos, pero no en unidad, pero tarde que temprano no podremos andar mas juntos pues los intereses y comportamientos son diferentes.

Tarde que temprano uno se va a convertir en el otro para poder andar juntos y en acuerdo.

La pregunta es: ¿Qué es ACUERDO?

Acuerdo:

- Es la decisión tomada en común por dos o mas personas sobre alguna cosa.
- Es el documento en el que se exponen las obligaciones y derechos que aceptan las partes que lo firman.
- Es un pacto, un tratado.
- Es conformidad, estar unánimes.

- Es llegar a una resolución común dos o más personas

Según el concepto del **Acuerdo**, es necesario que haya algo escrito, algún documento, una resolución donde se establezcan aquellas cosas que nos van a llevar al acuerdo y por tanto a poder andar juntos en una relación saludable:

- No puede ser de palabras porque se las lleva el viento y luego nadie se recuerda de lo dicho
- No puede ser silencioso, es necesario tener algo escrito, y ambas partes deben de aceptar lo que se ha plasmado en papel y obedecerlo por el bien de la otra parte y de sí mismo.
- Tenemos que tener integridad y responsabilidad para andar en acuerdo y cada parte tiene que hacer lo que le corresponde según lo que se escribió para andar en lo establecido.

Los presidentes de Estado, las grandes Compañías, los grandes Inversionistas, las personas que dejan herencias, todo el mundo que hace un **acuerdo** lo deja por escrito y firmado por todas las partes involucradas como señal de aceptación y delante de testigos presenciales que también firman como evidencia de que las partes están de **acuerdo**.

Dios, el Todopoderoso, el creador de todo lo que existe, el supremo, el amoroso, el único que ama nuestras almas dejo por escrito la Resolución más poderosa y hermosa para andar en **acuerdo**, en amor, en bendición unos con otros, en respeto y por tanto andar en perfecta unidad por el Espíritu, esa Resolución es la Biblia, pero solamente esto va a funcionar en nuestras vidas si somos capaces de ponernos de **acuerdo** con Él primeramente, o mejor dicho ponernos de **acuerdo** con el que se puso de **acuerdo** con nosotros primeramente porque ya Él lo hizo todo para ti y para mí y de esa manera estar de **acuerdo** conmigo misma y con otros.

Para que haya un **acuerdo** deben de existir al menos dos personas o más que quieran andar juntos, esto quiere decir que quieren tener una relación, y estas personas para poder andar juntas deben de:

- Renunciar a sus ideas personales.
- Renunciar a sus pensamientos personales.
- Renunciar a sus propósitos personales.
- Renunciar a sus anhelos personales.

El objetivo es buscar una medida entre las partes, una medida que haga el acuerdo de tener una relación y de esa manera llegar a un destino manteniendo lo que **acordaron,** donde ambas partes reciban el beneficio de esa relación, sé que esto es difícil de entender, pero si queremos tener una relación saludable, en la medida que se conozcan tendremos que dejar de hacer cosas que disgusta a la otra parte y lo haremos por amor.

Todas estas cosas nos hacen caminar en una sola dirección y para ello, en la mayoría de los casos, se necesita algo escrito donde los intereses de una parte y de la otra no se afecten, sino que se beneficien, y puedan, de mutuo acuerdo mantener una relación saludable donde el respeto a lo acordado se cumpla en amor, de otro modo les sería imposible andar juntos. Una de las cosas importantes en el **acuerdo** es la comunicación, si no hay comunicación, no hay **acuerdo** y por tanto no puede haber **relación.**

En este **acuerdo** escrito no puede existir el egoísmo, ni el altruismo, ni la acepción de persona, ni la ley del embudo que se habla en el mundo, "lo ancho para mí y lo estrecho para ti", porque todos queremos salir adelante y ser beneficiados al estar juntos en una relación. Pero lo importante es obedecer el **acuerdo** hecho entre esas dos o más personas.

Y me surgen las preguntas:

1. ¿Podremos andar junto con Dios sin que haya un Acuerdo escrito entre las dos partes?
2. ¿Podremos andar juntos en el Matrimonio sin que haya un Acuerdo escrito entre las dos partes?

3. ¿Podremos andar juntos como miembro de la familia, como amigos, como hermanos, sin que haya un Acuerdo escrito entre las partes? ¿Sin que haya un orden?

En el caso de la familia los padres tienen la responsabilidad de establecer una resolución familiar donde cada uno de los miembros sea educado bajo esos principios para mantener el orden y el respeto entre los miembros que además son diferentes unos de otros, pero importantes cada uno en si mismos.

Otro concepto importante que camina junto con el Acuerdo es la Unidad.

¿Qué es Unidad?

Unidad es conformidad, acuerdo entre dos o varias personas o grupos en torno a una opinión, interés o propósito.

Para que haya unidad, debemos tener la misma opinión, debemos tener el mismo interés, debemos tener el mismo propósito y así poder llegar a un acuerdo, no puede haber el primero sin que el segundo este activo y establecido entre las partes, justamente necesitamos estar primero de **acuerdo** para poder estar **unidos**.

Quizás al leer esto digas que eso es imposible que andemos todo en un mismo pensamiento, opinión y todo lo demás, no te adelantes a **tu opinión** y termina de leer y entenderás. Dios pone personas en nuestro camino, pero es de dos el caminar juntas.

¿Dónde comenzó el acuerdo?

El acuerdo comenzó en Dios. Dios nunca hizo nada independientemente del Hijo y del Espíritu Santo, ellos tres caminan en **acuerdo**. Y eso, los hace ser uno, porque los Tres, en **Acuerdo**, piensan, hablan y hacen lo que le corresponde a cada uno para lograr un propósito común, están en armonía y por supuesto andan juntos y van en una misma dirección, ellos son una Unidad.

Ellos están en unidad perfecta porque funcionan en perfecto **acuerdo** según la Palabra, así Dios Padre desea que caminemos unos con otros y todos con el Padre, Hijo y con el Espíritu Santo.

Cuando el Padre Dios dijo en *Génesis 1:26* "*...Hagamos al hombre a nuestra imagen, conforme a nuestra semejanza; y señoree en los peces del mar, en las aves de los cielos, en las bestias, en toda la tierra, y en todo animal que se arrastra sobre la tierra*"

Ellos estaban en **acuerdo** y en unidad y así mismo todo lo que el Padre dijo ocurrió, ninguno de ellos, ni el Padre, ni el Hijo, ni el Espíritu Santo dijo nada diferente, ninguno dio otra opinión, en ellos no hay discusión ni egoísmo porque funcionan en **acuerdo perfecto**, recuerden que son UNA UNIDAD, tienen una sola palabra y un solo lenguaje.

Y eso fue lo que ocurrió, el hombre fue hecho como Ellos, y si fue hecho como Ellos, fue con el único objetico de que hablara, pensara y actuara como Ellos, y con Ellos.

Toda la creación fue hecha en el **acuerdo**:

- El Padre hablo,
- La Palabra salió y
- El Espíritu Santo ejecuto y trajo a existencia lo dicho por el Padre.

Estaban en acuerdo y en perfecta unidad.

Todo lo creado, el cielo, la tierra, los mares, todos los animales terrestres, marinos, las aves, toda la creación funciona en una armonía perfecta porque todo fue creado en acuerdo y en perfecta unidad.

Nada ocupa el lugar que le corresponde a otro, Dios hizo los peces para el agua, las aves para el cielo y los animales terrestres para la tierra, y ellos funcionan en **acuerdo** y en armonía perfecta, respetándose unos a otros y haciendo lo que a cada uno le corresponde por el bien de toda la creación.

En Dios todo tiene sentido, todo tiene un ¿por qué?, todo tiene una función a favor de los demás. Nada de lo creado quiere hacer las cosas a su manera ni para su propio beneficio sino como Dios Padre, Hijo y Espíritu Santo en unidad acordaron que debía de ser y en acuerdo, ellos funcionan para el bien de los demás. Las plantas necesitan de los animales para su propia existencia, multiplicación y procreación, y los animales así mismo de las plantas, de igual modo todos necesitamos de las estaciones que ocurren en el transcurso del año porque esas estaciones son usadas para la fecundidad de animales y plantas y todo ocurre en un ciclo perfecto y todo interactúa a favor de la humanidad.

Nada de lo que tenemos es para nuestro beneficio personal sino para el bienestar de la humanidad por eso nos necesitamos los unos a los otros. Lo que yo tengo te beneficia a ti, pero lo que tú tienes lo necesito para mi beneficio, por favor no me lo niegues porque moriría.

Una de las evidencias de estar de **acuerdo** es hablar un mismo idioma y una misma palabra:

Génesis 11:1-9

"Hubo un tiempo en que todos los habitantes del mundo hablaban el mismo idioma y usaban las mismas palabras. Al emigrar hacia el oriente, encontraron una llanura en la tierra de Babilonia y se establecieron allí. Comenzaron a decirse unos a otros: «Vamos a hacer ladrillos y endurecerlos con fuego». (En esa región, se usaban ladrillos en lugar de piedra y la brea se usaba como mezcla). Entonces dijeron: «Vamos, construyamos una gran ciudad para nosotros con una torre que llegue hasta el cielo. Eso nos hará famosos y evitará que nos dispersemos por todo el mundo». Pero el Señor descendió para ver la ciudad y la torre que estaban construyendo, y dijo: «¡Miren! La gente está unida, y todos hablan el mismo idioma. Después de esto, ¡nada de lo que se propongan hacer les será imposible! Vamos a bajar a confundirlos con diferentes idiomas; así no podrán entenderse unos a otros». De esa manera, el Señor los dispersó por todo el mundo, y ellos dejaron de construir la ciudad. Por eso la ciudad se llamó Babel, porque fue allí donde el Señor confundió a la gente con distintos idiomas. Así los dispersó por todo el mundo."

Este relato Bíblico da evidencia de cómo, al hablar un mismo lenguaje, nos hace lograr objetivos, porque cuando hablamos un mismo lenguaje es:

- Como si hubiera solamente una voz

- Como si hubiera solamente un hombre
- Como si hubiera solamente un cuerpo.
- Como si hubiera solamente un pensamiento

A esto se le llama UNIDAD, ser UNO

Cuando hablamos el mismo lenguaje, hay entendimiento de lo que se dice, hay unidad y por tanto todo lo que nos propongamos hacer lo lograremos, ¡Todo nos será posible!

Eso es lo que nos acontece en estos tiempos, todos hablamos diferente lenguaje y por tal causa se nos hace imposible entendernos, ponernos de **acuerdo** y caminar en unidad. Y cuando digo lenguaje estoy hablando también de diferentes maneras de pensar:

- Cada uno quiere hacer lo que bien le parece desde su punto de vista.
- Cada uno quiere hacer lo que le beneficia a el mismo sin tomar en cuenta la otra parte.
- Me refiero a que, cada uno de nosotros nos gusta que la gente haga cosas para nosotros, pero a nosotros nos cuesta a veces hacer algo por otros.

Observemos algo interesante, aunque hay varios países que hablamos el español hay palabras en un país que significa algo diferente a otros países de habla hispana y en ocasiones, son palabras ofensivas para unos y para otros no, al final, lo que se logra es, que no haya una comunicación saludable entre las personas, que no haya entendimiento sino ofensas, y por tanto que no haya acuerdo y mucho menos unidad.

Capítulo IV

¿Dónde comenzó el desacuerdo?

Cuando Dios, en Acuerdo con Jesús y Su Espíritu Santo, crearon todo lo que existe, Él le dijo al hombre que señoreara y gobernara toda la creación que por Él fue creada, le dejo la Palabra escrita para que el Hombre supiera que hacer, y como debía de comportarse; a fin de cuentas, el que Crea es el Dueño de todo, y da las instrucciones de cómo debe funcionar cada cosa creada. Dios, siendo dueño de todo lo que creo desde **Génesis 1:1** hasta **Génesis 1:25**, hizo un **Acuerdo** con el Hombre y le dijo en:

Génesis 1:26-30 *"... «Hagamos a los seres humanos a nuestra imagen, para que sean como nosotros.*

- *Ellos reinarán sobre los peces del mar,*
- *Las aves del cielo,*
- *Los animales domésticos,*
- *Todos los animales salvajes de la tierra y los animales pequeños que corren por el suelo».*

Así que Dios creó a los seres humanos a su propia imagen. A imagen de Dios los creó; hombre y mujer los creó. Luego Dios los bendijo con las siguientes palabras:

- *«Sean fructíferos y multiplíquense.*
- *Llenen la tierra y gobiernen sobre ella.*
- *Reinen sobre los peces del mar,*

Las aves del cielo y todos los animales que corren por el suelo».

Entonces Dios dijo: "¡Miren! Les he dado todas las plantas con semilla que hay sobre la tierra y todos los árboles frutales para que les sirvan de alimento. Y he dado toda planta verde como alimento para todos los animales salvajes, para las aves del cielo y para los animales pequeños que corren por el suelo, es decir, para todo lo que tiene vid"; y eso fue lo que sucedió."

En otras Palabras:

"Te vamos a hacer conforme a nuestra imagen para que funciones como nosotros en la tierra"

Aquí vemos claramente parte del **Acuerdo** que Dios hizo con el hombre y en todos estos versículos Dios declara:

1. Que nos hizo a nosotros como Ellos.
2. Que nos hizo como Ellos para Reinar sobre todo lo creado.
3. Nos manifiesta todo lo que nos dio para alimentarnos.

4. E incluso nos dio todos los alimentos para los animales y aves, es decir para todo lo que tiene vida.

El hombre en el Edén no tenía que preocuparse de nada: "TODO FUE DADO POR DIOS"

Ahora: cuando Dios hizo al hombre a Su imagen y semejanza le dijo al hombre todo lo que había creado para él, le dijo toda la provisión que había hecho para su existencia y todo esto era parte del **Acuerdo** de Dios con el hombre hasta el Génesis 2:14, en que da una advertencia:

Génesis 2:15-17

"El Señor Dios puso al hombre en el jardín de Edén para que se ocupara de él y lo custodiara; pero el Señor Dios le advirtió: «Puedes comer libremente del fruto de cualquier árbol del huerto, excepto del árbol del conocimiento del bien y del mal. Si comes de su fruto, sin duda morirás»."

En estos capítulos podemos ver como Dios le da responsabilidad al hombre en el **Acuerdo** entre ellos:

1. Te hago a nuestra imagen y semejanza.

2. Te doy autoridad sobre todo lo creado, animales, aves, peces.

3. Te doy alimentos para ti y para la creación.

4. Te doy una ayuda idónea.

Esta es la parte del acuerdo de Dios con el hombre.

La parte que solamente le corresponde cumplir al hombre en el acuerdo con Dios es:

1. Ocuparse y custodiar el Edén
2. Procread y llenad la tierra
3. NO COMER DEL ARBOL DEL BIEN Y DEL MAL para que no mueras.

Mientras el hombre cumpliera estos tres puntos del **acuerdo**, Dios se encargaría de mantener la parte que le correspondía a Él:

- La semejanza se mantendría
- La autoridad también se podía ejecutar
- La provisión de Dios a través de la creación estaría disponible para el hombre sin ningún esfuerzo humano.

Esto es lo que hace el **acuerdo**, cuando Adán y Eva pecan, comiendo del árbol del cual Dios dijo que no comieran, rompieron el **acuerdo** que había establecido Dios entre ellos, y, por lo tanto:

- La semejanza se perdió.
- La autoridad sobre lo creado se perdió siendo ellos dominados por la creación.

- La provisión comenzó a ser buscada por el hombre totalmente con el sudor de su frente.

Aquí vemos como, al romper el **acuerdo,** trajo consecuencias devastadoras sobre el hombre, fue ahí donde comenzaron los problemas para toda la humanidad. Toda la humanidad estaba en los lomos de Adán, por lo tanto:

Romanos 5:12

¹²Por tanto, como el pecado entró en el mundo por un hombre, y por el pecado la muerte, así la muerte pasó a todos los hombres, por cuanto todos pecaron"

Y Dios vio que la maldad del hombre se había multiplicado.

Génesis 6:3 "Entonces el Señor dijo: «Mi Espíritu no tolerará a los humanos durante mucho tiempo, porque sólo son carne mortal. En el futuro, la duración de la vida no pasará de ciento veinte años»."

Génesis 6:5-8 "El Señor vio la magnitud de la maldad humana en la tierra y que todo lo que la gente pensaba o imaginaba era siempre y totalmente malo. Entonces el Señor lamentó haber creado al ser humano y haberlo puesto sobre la tierra. Se le partió el corazón. Entonces el Señor dijo: «Borraré de la faz de la tierra a esta raza humana que he creado. Así es, y destruiré a todo ser viviente: a todos los seres humanos, a los animales grandes, a los animales pequeños que corren por el suelo y aun a las aves del cielo. Lamento haberlos creado..."

El hombre comenzó a caminar por el mundo separado de Dios, siendo dominado por el príncipe de la potestad de los aires que opera en los hijos de desobediencia según **Efesios 2:1-2**. Caminando en un des-Acuerdo con Dios y consigo mismo, pero se puso de acuerdo con el pecado.

Los instintos naturales con los que Dios nos hizo fueron desbalanceados y comenzaron a dominar al hombre.

Emocionalmente también fuimos desbalanceado, dependiendo de la naturaleza, de lo creado, los animales comenzaron a intimidarnos, todo se desboronó, comenzamos a ser dominados por la creación tomando dominio sobre el hombre, sacándoles de su balance interno. Es por ello que:

- Hemos sido esclavo del alcohol
- Hemos sido esclavo de la comida
- Hemos sido esclavo de los medicamentos, y todo esto sale de la creación,

El hombre perdió toda la autoridad que le había dado Dios por romper el acuerdo.

Observen algo: Cuando se rompió el acuerdo con Dios todo se rompió tanto dentro como fuera del hombre.

A partir de este momento en que Adán y Eva pecan, todos los humanos nacemos con una condición interna que nos hace ser pecadores y es porque por naturaleza pecamos, porque tenemos:

- **Un corazón engañoso y perverso**: **Jeremías 17:9** "El corazón humano es lo más engañoso que hay, y extremadamente perverso. ¿Quién realmente sabe qué tan malo es?". **Mateo 15:19-20** "Pues del corazón salen los malos pensamientos, el asesinato, el adulterio, toda inmoralidad sexual, el robo, la mentira y la calumnia. Esas cosas son las que los contaminan. Comer sin lavarse las manos nunca los contaminará"

- **Una mente carnal que piensa en lo malo**: *Colosenses 1:21* "*Eso los incluye a ustedes, que antes estaban lejos de Dios. Eran sus enemigos, estaban separados de él por sus malos pensamientos y acciones*"; **Tito 1:15** "*Todo es puro para los de corazón puro. En cambio, para los corruptos e incrédulos nada es puro, porque tienen la mente y la conciencia corrompidas*"

- **Un espíritu rebelde en contra de Dios** igual al Príncipe de la Potestad de los aires que opera en los

Hijos de desobediencia. *Efesios 2:3* *"Todos vivíamos así en el pasado, siguiendo los deseos de nuestras pasiones y la inclinación de nuestra naturaleza pecaminosa. Por nuestra propia naturaleza, éramos objeto del enojo de Dios igual que todos los demás"*

De modo que la desobediencia de Adán y Eva trajo consigo el establecimiento de una naturaleza en el ser humano, que lo lleva a ser, como es, sin ningún esfuerzo, aunque quiera hacer algo diferente no puede porque todos sus miembros obedecen la ley que por naturaleza tiene, la ley del pecado y la muerte que opera sobre la naturaleza caída que heredamos de Adán y Eva.

Vale destacar que cuando caminamos en esta **naturaleza caída**, en cada uno de nosotros, está operando el Príncipe de la Potestad de los aires que opera en los hijos de desobediencia, su nombre Satanás, el la manipula, la dirige, la somete.

Efesios 2:1-3

"Antes ustedes estaban muertos a causa de su desobediencia y sus muchos pecados. Vivían en pecado, igual que el resto de la gente, obedeciendo al diablo, el líder de los poderes del mundo invisible, quien es el espíritu que actúa en el corazón de los que se niegan a obedecer a

Dios. Todos vivíamos así en el pasado, siguiendo los deseos de nuestras pasiones y la inclinación de nuestra naturaleza pecaminosa. Por nuestra propia naturaleza, éramos objeto del enojo de Dios igual que todos los demás"

Y, por tanto:

- Hace que los **instintos básicos** del hombre se corrompan y por naturaleza caen en un desbalance al punto de pervertirlos y no permitir que trabajen en **Acuerdo**.
- Hace que las **emociones** del ser humano estén desbalanceadas por causa de eventos externos que cambian constantemente, provocando desbalances químicos y energéticos dentro del hombre, porque este perdió el dominio propio o nació ya sin dominio propio por naturaleza. Y todo esto porque los pensamientos también se dislocan a la misma vez.
- Esa influencia espiritual, constantemente está buscando enemistades porque por naturaleza es manipuladora.

Después que Adán y Eva pecaron dejaron de ser seres con instintos balanceados y se convirtieron en seres instintivos desbalanceados por causa del pecado y del corazón que obtuvieron por desobediencia.

Todos nosotros, nacemos ya con esos instintos desbalanceados porque nacemos en pecado y en maldad nos concibió nuestra madre, de modo que cada instinto del ser humano caído esta desbalanceado, por eso hay personas con un apetito sexual descontrolado, otras con un afán por adquirir bienes materiales y acumularlos, otras que se vanaglorian de sus logros en grupos sociales necesitando caminar en grupos y se asocian según su necesidad común y todo eso sale del corazón perverso con que nacemos y a medida que crecemos, por eventos externos, herencias, hábitos, costumbres, se van desarrollando más unos que otros.

Es a través de los instintos dañados del hombre que este se va inclinando cada vez más a desarrollar lo que ya está establecido en su interior y las puertas de su vida están abiertas de par en par para que el enemigo de su almas lo pervierta cada vez más porque ya el mal está dentro por la caída, solamente es alimentada desde afuera para su posterior desarrollo.

La puerta que le da derecho legal a que el enemigo gobierne las vidas es la semilla de desobediencia conque nacemos, y se llama iniquidad.

1 Juan 2:16-17

"Pues el mundo sólo ofrece un intenso deseo por el placer físico, un deseo insaciable por todo lo que vemos y el orgullo de nuestros logros y posesiones. Nada de eso proviene del Padre, sino que viene del mundo; y este mundo se acaba junto con todo lo que la gente tanto desea; pero el que hace lo que a Dios le agrada vivirá para siempre"

Todos estos Instintos deben trabajar armónicamente y en acuerdo trayendo balance a nuestra vida, pero esto solo se logra con un cambio de corazón y de mente.

¿Cómo funciona el hombre, sus emociones, sus instintos desde la caída?

El ser humano caído aprendió a funcionar desde un corazón perverso por la caída de Adán y Eva, y ese corazón hizo que el hombre actuara de acuerdo a los sentidos cambiando el diseño original que Dios le había dado de vivir, ahora, como los sentidos son el medio que Dios puso en nuestro cuerpo para comunicarnos con todo lo que nos rodea, todo nuestro ser interior comienza a funcionar de acuerdo a lo externo que está en constante cambio, por ello nuestra vida interior esta cambiando según los eventos externos que percibimos por los sentidos, esa es una de las causas por la que nuestra vida comienza a sufrir desbalance emocional. Como se perdió el estándar de vida que Dios dio, las emociones, sentimientos a través de pensamientos comienzan a funcionar y a responder según los sentidos que se activan por evidencias externas, de modo que todo lo que acontece fuera del hombre, lo domina en su interior porque perdió el dominio propio que solo lo da la conexión con El Creador.

Dios dice en Su Palabra que no vivamos según lo que nuestros ojos ven porque son temporal ... ***2 Corintios 4:18*** *"...al no poner nuestra vista en las cosas que se ven, sino en las que no se ven; porque las cosas que se ven son temporales, pero las que no se ven son eternas".*

Nos hemos enfocado tanto en aprender cosas grandiosas fuera del hombre como, por ejemplo:

- Sabemos cosas grandiosas del universo,
- Sabemos cosas grandiosas de los mares,
- Sabemos cosas grandiosas de la tierra

Pero no nos hemos dedicado a conocer las cosas grandiosas que Dios dio al crearnos como máxima creación, y es por ello que ponemos nuestros cuerpos en las manos de otro ser humano que ni siquiera se conoce a sí mismo. Por causa de todo eso, lo creado domina al hombre, haciéndose dependiente de ello y no del Creador, y por tal motivo, el hombre comenzó a adorar lo creado:

- Si llovía y había buena cosecha, adoraba la lluvia

- Si salía el sol y lo calentaba, adoraban al sol
- Si prendían fuego y los beneficiaba, adoraban al fuego
- Si había un palo que se parecía a algo, lo adoraban

Y comenzaron a hacerse dependientes de lo creado:

- De medicina
- De alcohol
- De drogas
- De alimentos
- De personas
- De imágenes

El hombre comenzó a caminar desbalanceado en sus emociones porque dependía de lo creado y si algo de lo creado falta, sus emociones se descontrolan, si algo de lo que dependía falta las emociones se desbalancean, y por tanto los instintos naturales del hombre sufrieron desgastes.

Es importante destacar que la humanidad no es PECADORA porque peca, sino que PECA porque es PECADORA.

Quizás ahora puedas entender lo que pasa en todo el mundo, cuando se habla de guerra, de muerte, de asesinato, de violaciones, de robos, todo eso sale del hombre corrompido por la mentira de Satanás cuando engaño a Adán y a Eva, a partir de ahí el problema ya no está FUERA del hombre sino DENTRO. Es por ello que vemos Gobiernos corruptos, es por ello que vemos maestros corruptos dañando a nuestros hijos en las escuelas, enseñándoles líneas de pensamientos cada vez más perversas, eso fue lo que aconteció en el libro de Daniel cuando el y sus dos amigos entraron a Babilonia, este es un sistema diabólico que corrompe, ahora no estamos en Babilonia físico, pero estamos bajo la influencia de una Babilonia Espiritual que constantemente quiere:

- Cambiarles el nombre a nuestros Hijos
- Cambiarle su sistema de alimentación
- Cambiarle sobre todo sus pensamientos

Eso fue lo que trataron de hacerles a esos jóvenes en ese tiempo, y es lo que tratan de hacerles a nuestros niños y jóvenes en este tiempo. Es un sistema corrompido, perverso que está operando en este mundo.

Es este punto, la causa fundamental del por qué no nos ponemos de Acuerdo con facilidad. A veces nos ponemos de acuerdo durante un tiempo y por cualquier causa rompemos la parte del Acuerdo que hemos hecho, y estas cosas acontece porque:

- Cada cual camina según lo que cree.
- Cada cual camina según lo que ha concebido que es la Vida.
- Cada cual camina según la formación que ha recibido.
- Cada cual camina de acuerdo a los conflictos internos que ha experimentado.
- Cada uno camina de acuerdo a lo que ha aprendido por la cultura donde creció.
- Cada cual camina de acuerdo a su mente y corazón.

Si te das cuenta, todo lo canalizamos a partir de la condición interna que tenemos cada uno por la naturaleza caída con que hemos nacido, por las experiencias que dejaron huellas, por traumas, conflictos y sobre todas las cosas por falta de conocimiento.

Es interesante entender como la naturaleza caída lleva nuestra vida por un camino errado, y detrás de todo comportamiento, de toda actitud, de toda decisión se mueve un mundo espiritual de maldad cuyo objetivo es matar y destruir las vidas. Veamos esto en un instante:

Filipenses 2:21

"Porque todos buscan lo suyo propio, no lo que es de Cristo Jesús."

Esta naturaleza egoísta es lo que hace que todos busquen lo suyo propio y no lo que es de Jesús. Y si yo creo que lo que digo, hago y pienso es lo correcto no me importa lo que piense el prójimo y mucho menos si lo perjudico o no; así de simple funciona esto, y lo peor de todo: "nunca tomo en cuenta la opinión de Dios"

Pero cuando hacemos lo que es de Cristo, que no es egoísta, no piensa en si mismo sino por el bien de todos, todos vamos hacia una misma dirección, y hacia un mismo destino que es de paz, armonía, amor y perdón, de no hacernos daño sino más bien protegernos y ayudarnos unos a los otros, todos caminamos bajo una línea de pensamientos que son de bien y no de mal.

Concluyendo podemos decir que la Caída del hombre fue lo que rompió todo el Acuerdo que Dios hizo con él, y esta caída por desobediencia, provocó que el hombre internamente comenzara a caminar desbalanceado y dividido en sí mismo, lo cual quiere decir que lo que él siente, piensa y hace no se corresponde, y al estar separado de Dios, perdió el estándar original de vida, y la naturaleza que obtuvo en la desobediencia lo guía a cada vez más perdición para él y para toda su descendencia.

Dios maldijo al hombre por su desobediencia y por causa de esa maldición la raza humana se ha ido deteriorando cada vez mas, siendo invadida por pobrezas, enfermedades, locuras, perversiones, adicciones, dependencia enfermiza de personas y cosas. Se volvió obsesiva, su adoración fue y es dirigida a falsos dioses que ellos mismos construían y aun construyen, se hicieron esclavos de dioses falsos dándole derecho legal a un mundo espiritual de maldad que invadieron los cuerpos, que fueron creados por Dios para Su morada, en fin el caos comenzó en la tierra y aquel que Dios había puesto para cuidar, plantar y proteger lo creado comenzó, desde su corazón, a destruir, todo a su alrededor porque ya el mismo estaba destruido en su interior.

Capítulo V

"EL HOMBRE Y LA NATURALEZA CAIDA"

La naturaleza caída que heredamos de Adán, hizo que nos mantuviéramos muertos en delitos y pecados. Esta palabra MUERTOS no quiere decir que dejas de existir, sino que estas separado de Dios que es la fuente de vida, desarrollando una cultura terrenal que es diabólica siguiendo la corriente del mundo según el Príncipe de la Potestad de los aires (Satanás), que opera sobre los hijos de desobediencia. **Efesios 2:2-3.**

¿Qué es Naturaleza?

- Es la esencia y propiedad característica de cada ser.
- Es la manera de ser o de comportarse una persona.

De modo que la Naturaleza Caída tiene un comportamiento, es decir tiene su propia esencia.

- La cultura ha sido influenciada por ella.
- El lenguaje ha sido contaminado por ella.
- El modo de vivir ha sido dañado por ella.
- De modo que el problema no está fuera sino dentro.

¿Cómo recibimos esa naturaleza caída?

Esa naturaleza la recibimos desde que nacemos porque la heredamos de Adán y Eva cuando pecaron, ellos nos dieron por herencia esa manera de ser, de comportarnos, esa manera de ver la vida y actuar en ella, por eso hay tanta maldad en el mundo.

Esa Naturaleza nos hace ser esclavos de dioses que ni existen:

Gálatas 4:8

"Antes de conocer a Dios, ustedes, los gentiles, eran esclavos de los llamados dioses, que ni siquiera existen."

Esa Naturaleza nos hace caminar en deseos propios de ella, o sea de esa Naturaleza.

Gálatas 5:19-21

"Cuando ustedes siguen los deseos de la naturaleza pecaminosa, los resultados son más que claros:

- *Inmoralidad sexual,*
- *Impureza,*
- *Pasiones sensuales,*
- *Idolatría,*
- *Hechicería,*
- *Hostilidad,*
- *Peleas,*

- *Celos,*
- *Arrebatos*
- *Ambición egoísta,*
- *Discordias,*
- *Divisiones,*
- *Envidia,*
- *Borracheras,*

Fiestas desenfrenadas y otros pecados parecido. Permítanme repetirles lo que les dije antes: cualquiera que llevé esa clase de vida no heredará el reino de Dios."

El pecado comenzó cuando Lucifer, el "Lucero, hijo de la mañana", el más hermoso y poderoso de los ángeles no contento con ser todo esto, deseó ser semejante al Dios altísimo, y esa fue su caída y el inicio del pecado (**Isaías 14:12-15**).

Él trajo el pecado a la raza humana en el Jardín del Edén, donde tentó a Eva con la misma seducción - **Génesis 3:5** "...seréis como Dios..."

A partir de ese momento, el pecado ha pasado a través de todas las generaciones de la raza humana, y nosotros como descendientes de Adán, hemos heredado el pecado de él.

Dios, en **Ezequiel 28** describe todo lo que Él hallo en Lucifer:

- Hallo maldad en Lucifer.
- Fue lleno de iniquidad por la multitud de sus contrataciones.
- Se enalteció su corazón a causa de su hermosura, comenzó a mirarse sin saber que lo que tenía y quien era venia de Dios no de él.
- A causa de su esplendor corrompió su sabiduría.

Hasta el nombre de Lucifer (portador de Luz) fue cambiado al nombre Satanás (adversario, enemigo, acusador). Su nombre revela su modo de actuar.

Esas mismas cosas heredamos de Adán, Satanás trajo el pecado a la raza humana en el Jardín del Edén, y fuimos contaminados con lo mismo que Dios hallo en el:

- Maldad.
- Iniquidad.
- Corazón enaltecido.
- Sabiduría corrompida.

En otras palabras, nos pusimos bajo **su yugo de maldad**, o mejor para aclarar, no nos pusimos nosotros mismos, sino que Dios nos sujetó a todos a desobediencia por la desobediencia de Adán y de esa manera permitió que el yugo de maldad de satanás nos dominara como dice la palabra en:

Romanos 1:18-31

"Pero Dios muestra su ira desde el cielo contra todos los que son pecadores y perversos, que detienen la verdad con su perversión. Ellos conocen la verdad acerca de Dios, porque él se la ha hecho evidente. Pues, desde la creación del mundo, todos han visto los cielos y la tierra. Por medio de todo lo que Dios hizo, ellos pueden ver a simple vista las cualidades invisibles de Dios: su poder eterno y su naturaleza divina. Así que no tienen ninguna excusa para no conocer a Dios. Es cierto, ellos conocieron a Dios, pero no quisieron adorarlo como Dios ni darle gracias. En cambio, comenzaron a inventar ideas necias sobre Dios. Como resultado, la mente les quedó en oscuridad y confusión. Afirmaban ser sabios, pero se convirtieron en completos necios. Y, en lugar de adorar al Dios inmortal y glorioso, rindieron culto a ídolos que ellos mismos se hicieron con forma de simples mortales, de aves, de animales de cuatro patas y de reptiles. Entonces Dios los abandonó para que hicieran todas las cosas vergonzosas que deseaban en su corazón. Como resultado, usaron sus cuerpos para hacerse cosas viles y degradantes entre sí. Cambiaron la verdad acerca de Dios por una mentira. Y así rindieron culto y sirvieron a las cosas que Dios creó,

pero no al Creador mismo, ¡quien es digno de eterna alabanza! Amén. Por esa razón, Dios los abandonó a sus pasiones vergonzosas. Aun las mujeres se rebelaron contra la forma natural de tener relaciones sexuales y, en cambio, dieron rienda suelta al sexo unas con otras. Los hombres, por su parte, en lugar de tener relaciones sexuales normales, con la mujer, ardieron en pasiones unos con otros. Los hombres hicieron cosas vergonzosas con otros hombres y, como consecuencia de ese pecado, sufrieron dentro de sí el castigo que merecían. Por pensar que era una tontería reconocer a Dios, él los abandonó a sus tontos razonamientos y dejó que hicieran cosas que jamás deberían hacerse. Se llenaron de toda clase de perversiones, pecados, avaricia, odio, envidia, homicidios, peleas, engaños, conductas maliciosas y chismes. Son traidores, insolentes, arrogantes, fanfarrones y gente que odia a Dios. Inventan nuevas formas de pecar y desobedecen a sus padres. No quieren entrar en razón, no cumplen lo que prometen, son crueles y no tienen compasión. Saben bien que la justicia de Dios exige que los que hacen esas cosas merecen morir; pero ellos igual las hacen. Peor aún, incitan a otros a que también las hagan"

De manera que el comenzó a dirigir nuestra vida llevándonos cada vez más a perdición, es por eso que el mundo está como está, es por ello que la sociedad está como está, y cada vez vemos:

- Gobiernos más corruptos
- Familias más disfuncionales.
- Hijos más rebeldes.
- Noticias más violentas.
- Un mundo que se está desboronando cada vez más.

Esa es la Naturaleza Caída que tenemos todo la raza humana y por tanto la Ira de Dios también está sobre toda la humanidad hasta que lleguemos a Cristo.

Esta es la clase de vida que se ve y se vive en el mundo por causa de la naturaleza caída:

- Personas viviendo en adulterio y fornicación a pesar de haber hecho un pacto matrimonial.
- Personas matando y suicidándose y hasta familias enteras mueren por ser guiados por esa naturaleza sobre la cual opera una ley de pecado y muerte y es dirigida por Satanás, el cual hace que voces del infierno le den órdenes a personas para que hagan tales actos de maldad.
- Personas robando y siendo robadas.
- Personas y familias en división y contienda por celos y envidias.

- Personas y familias en brujerías y hasta en orgias.
- Personas muriendo por enfermedades que heredaron de sus antepasados.
- Personas adictas a las drogas, a la pornografía y a cuantas adicciones existen en el mundo

Esto es lo que se está viviendo en estos tiempos y a través de la historia:

- Gobiernos en desacuerdos unos con otros y aun dentro del mismo sistema hay des-acuerdo unos con otros.
- Competencias entre estados y ciudades queriendo sobresalir una más que la otra.
- Algunos maestros perversos dándoles clases a nuestros hijos y enseñándoles más perversión de la que ya traemos dentro.
- Los ricos queriendo ser más ricos sin importarles si los pobres son cada vez más pobres.
- Personas abusando y usando incorrectamente los recursos que la posición o el cargo de gobierno les faculta para usar.
- Leyes donde a lo bueno le dice malo y a lo malo bueno.

Isaías 5:20

"¡Qué aflicción para los que dicen que lo malo es bueno y lo bueno es malo, que la oscuridad es luz y la luz es oscuridad, que lo amargo es dulce y lo dulce es amargo!"

OBSERVEN ALGO IMPORTANTE: La situación en los países, la pobreza, las calamidades, hambre, desnudes, muerte, desnutrición, no es responsabilidad de ningún Gobierno ni de ningún Sistema de Gobierno establecido en los países.

Los únicos responsables de la situación en cada país del mundo somos los hombres como raza humana, SOMOS LOS UNICOS RESPONSABLES porque le hemos dado la espalda al verdadero Dios no tomando en cuenta la obra milagrosa de Jesús en la cruz, y tengo la convicción de que lo hacen por ignorancia e incredulidad por eso serán hallados a misericordia. (**1 Timoteo 1:13**), y por eso debemos de ir a predicarles el Evangelio de Salvación.

Romanos 10:14

"¿Pero ¿cómo pueden ellos invocarlo para que los salve si no creen en él? ¿Y cómo pueden creer en él si nunca han oído de él? ¿Y cómo pueden oír de él a menos que alguien se lo diga?"

En estos tiempos estamos viendo como las relaciones se están deteriorando, amistades se están separando, matrimonios, hermanos, ciudades, naciones, en fin, estamos viendo como el egoísmo del corazón nos provoca caminar como islas, y no solo caminar como islas, sino tener contienda unos con los otros, cuando la verdad es que nos necesitamos unos a los otros.

Es imposible que personas con estas características puedan estar de **acuerdo**, y si lo estuvieran no es de corazón si no simplemente de palabras y por esa causa se recurre a documentos notariados con testigos y varias firmas donde se deja plasmado que están de **acuerdo** en cumplir lo que se ha establecido en un documento siempre y cuando obtengan algún beneficio en ese **acuerdo**.

De otra manera el hombre por Naturaleza falla y necesita recordarse de lo Acordado viendo un documento escrito, que al fin del día le traería problemas judicial si no cumple la parte que le corresponde y aun así en ocasiones rompe el pacto o acuerdo firmado.

El mayor des-acuerdo que hay es el que tiene el hombre con Dios. Por eso hay des-acuerdo porque nadie que no esté de Acuerdo con Dios puede estar de Acuerdo con el prójimo y esto simplemente es porque el hombre NO ESTA DE ACUERDO CON EL MISMO, porque esta dividido en si mismo (**Lucas 11:17**)

Todos los que viven según la naturaleza caída creen que el otro está mal, siempre le echa la culpa al otro, nunca asume su responsabilidad, eso lo vimos cuando Adán y Eva pecaron y Dios los buscaba en el Edén

Génesis 3:12-13

"El hombre contestó: —La mujer que tú me diste fue quien me dio del fruto, y yo lo comí. Entonces el Señor Dios le preguntó a la mujer: — ¿Qué has hecho? —La serpiente me engañó —contestó ella—. Por eso comí"

La realidad es que tu opinión ni la mía cuenta, ¿te has preguntado?

¿Qué dice Dios de todo esto?

Capítulo VI

"El Hombre y la Nueva Naturaleza"

Fue necesario que Cristo viniera como hombre, muriera y resucitara porque el único que podía hacer algo diferente en el hombre corrupto era el mismo Dios encarnado, solo Él podía redimirnos de tanta maldad.

Cuando Adán y Eva pecaron y fueron destituido de la Gloria de Dios, o sea de estar en Su presencia, ellos comenzaron a caminar bajo una maldición establecida por Dios que solamente el mismo Dios podía quitar y no solo a ellos sino también a todos los que salimos de ellos.

Romanos 5:12

"Cuando Adán pecó, el pecado entró en el mundo. El pecado de Adán introdujo la muerte, de modo que la muerte se extendió a todos, porque todos pecaron"

Toda la simiente de Adán (que estaba en sus lomos) fue inmediatamente contaminada con la maldición, nadie que saliera de él iba a salir sin pecados ¿Por qué?, porque es el hombre el que da la semilla a la mujer y esa semilla estaba ya contaminada, esa semilla es la NATURALEZA, quien tú eres, todo el ADN de Adán está en cada una de esas semillas de donde salió toda la humanidad.

En capitulo anterior preguntamos y explicamos:

¿Qué es Naturaleza? Y dijimos que es:

Esencia y propiedad características de cada ser. Virtud, calidad o propiedad de las cosas.

Cada uno de nosotros nacimos con la misma naturaleza de Satanás.

Era necesario que alguien nos diera una Nueva Naturaleza, era necesario que alguien nos librara de la Ira de Dios y eso solo lo pudo hacer nuestro Señor Jesús, haciendo que naciéramos de nuevo, o sea, teniendo un nuevo nacimiento. El vino a cumplir el acuerdo que Adán y Eva rompieron

Jesús vino para devolvernos la naturaleza original que el Padre, Hijo y Espíritu Santo nos dieron en el principio, cuando dijeron *"Hagamos al hombre a nuestra imagen conforme a nuestra semejanza..."*

Recordemos que sobre la naturaleza caída opera la ley del pecado y la muerte obligando a las personas a pecar, para que la paga del cumplimiento de esa ley sea la muerte. De la única manera que esa ley queda inoperante en nosotros es muriendo.

Cuando *"...somos aceptos en el amado..."*, y reconocemos milagrosamente que Jesús es nuestro Señor y Salvador y además nuestro nuevo dueño, tenemos que saber algunas cosas como lo declara *Romanos*

1. ¿O acaso olvidaron que, cuando fuimos unidos a Cristo en el bautismo, nos unimos a él en su muerte? Pues hemos muerto y fuimos sepultados con Cristo mediante el bautismo; y tal como Cristo fue levantado de los muertos por el poder glorioso del Padre, ahora nosotros también podemos vivir una vida nueva. (***Romanos 4:3-4***)

2. Sabemos que nuestro antiguo ser pecaminoso fue crucificado con Cristo para que el pecado perdiera su poder en nuestra vida. Ya no somos esclavos del pecado. (***Romanos 6:6***)

3. Así también ustedes deberían considerarse muertos al poder del pecado y vivos para Dios por medio de Cristo Jesús. (***Romanos 6:11***)

La Palabra declara que:

*"Él, de su voluntad, nos hizo nacer por la palabra de verdad. . ." (**Santiago 1:18**).*

*"Siendo renacidos, no de simiente corruptible, sino de incorruptible, por la palabra de Dios. . ." (**1 Pedro 1:23**).*

En otras palabras, debemos de aceptar por Fe estas verdades:

"El bautismo en agua es simbolismo externo de una obra interna que, milagrosamente opera el Espíritu Santo cuando nos trae al Señor.

- Ahora hemos vuelto a nacer por la Palabra y el Espíritu
- Ahora tenemos un Nuevo Corazón
- Ahora tenemos un Espíritu Nuevo dentro
- Ahora tenemos además la mente de Cristo

O sea que ahora, con el Nuevo Nacimiento obtenemos la condición interna necesaria, a través de la Regeneración, para responder a todo lo que Dios, Nuestro Señor quiere de nosotros y poder defender la posición que Él nos ha dado. A esto se le llama Nuevo Nacimiento que nos da:

- Una nueva naturaleza (La de Jesucristo)
- Una nueva posición (Hijos de Dios)
- Una nueva simiente incorruptible (La vida de Jesús)
- Una nueva condición de corazón (De carne)
- Un nuevo lugar desde donde operamos. (Sentado en los lugares Celestiales)

Ahora somos totalmente Nuevos, "Creados en Cristo Jesús para buenas obras"

En otras palabras: en la cruz del calvario, cuando mueres juntamente con Jesús mueren:

- Tus sueños
- Tus anhelos
- Tus ideas personales
- Tus sentimientos naturales
- Tus propósitos personales
- Todo lo que tu has querido
- Tus expectativas de vida
- Muere tu voluntad. Tu manera de concebir la vida

Lo más importante que debes de saber es que SI MORISTE juntamente con Jesús en la Cruz, la ley del pecado y la muerte no tiene poder sobre ti y SI CREES que resucitaste juntamente con El entonces una nueva ley opera en tu vida y es La ley del Espíritu de Vida en Cristo Jesús.

Este nuevo nacimiento es un evento misterioso, radical y completo, hecho milagrosamente por el Espíritu Santo de Dios en nuestro interior, de una manera soberana y sobrenatural.

1. **El Padre nos busca y nos trae a Jesús:** *Juan 6:44 "Ninguno puede venir a mí, si el Padre que me envió no le trajere; y yo le resucitaré en el día postrero"*

2. **Jesús en la Cruz nos hace Reyes y Sacerdotes para Dios a través de Su muerte y Resurrección:** *Apocalipsis 5:10 "y nos has hecho para nuestro Dios reyes y sacerdotes, y reinaremos sobre la tierra"*

3. **Nos devuelve al Padre como Hijos:** *Juan 14:6 "Jesús le dijo: Yo soy el camino, y la verdad, y la vida; nadie viene al Padre, sino por mí"*

Ahora, este hombre puede mostrar una vida totalmente diferente y en algunos casos es paulatinamente, en otros es más acelerado y hay casos en que los cambios son radicales totalmente, también opera una ley superior sobre esa Nueva Naturaleza que lo lleva a vivir y a vivir eternamente y lo lleva a cumplir la ley de Dios y a ser sobre todas las cosas Semejante al Dios trino, de modo que:

- Lo que habla
- Lo que piensa
- Lo que actúa es acorde al reino y al Rey al que pertenece

Ahora somos reyes y sacerdotes y como tales debemos de comportarnos. Comenzamos a mostrar el fruto que sale de nosotros que es el Fruto del Espíritu:

Gálatas 5:22-23

"Mas el fruto del Espíritu es amor, gozo, paz, paciencia, benignidad, bondad, fe, mansedumbre, templanza; contra tales cosas no hay ley"

Las personas que caminan con esta maravillosa nueva naturaleza tienen o deben de tener un comportamiento totalmente contrario al comportamiento que tienen los que caminan bajo la influencia de la vieja naturaleza y siempre estas dos naturalezas se oponen en todos los sentidos, de modo que es muy fácil saber cuándo y con quien ponernos de acuerdo, es por ello que Dios nos aconseja:

2 Corintios 6:14-15

"No se asocien íntimamente (no hagan yugo desigual) con los que son incrédulos. ¿Cómo puede la justicia asociarse con la maldad? ¿Cómo puede la luz vivir con las tinieblas? ¿Qué armonía puede haber entre Cristo y el diablo? ¿Cómo puede un creyente asociarse con un incrédulo?"

Asociarse alguien, que tiene la vieja naturaleza, con alguien que tiene la nueva naturaleza es:

- Asociarse a otro dios
- Asociarse a otra cultura
- Asociarse a otra manera de pensar
- Asociarse a otra manera de vestir
- Asociarse a otra manera de vivir

- Asociarse a destinos diferentes
- ES TENER UNA GUERRA SIN CUARTEL

En fin, simplemente la luz y las tinieblas no tienen nada que ver. Nunca podrás estar de Acuerdo y mucho menos en Unidad con alguien que no tenga tu misma naturaleza.

Tienes que entender esta verdad porque cada Naturaleza:

- Camina,
- Piensa,
- Vive
- Siente de manera diferente.

Esta Palabra en *2 Corintios 6:14-15* habla por sí sola de una verdad que tenemos que considerar en todo nuestro caminar.

- Cuando vayas a hacer negocios
- Cuando vayas a entrar en sociedad de algo
- Cuando te vayas a casar
- Cuando tengas amistades

En todas las áreas, es importante saber quién opera en cada cual, y a que Dios le sirve, porque ciertamente asociarte con alguien que tenga otra naturaleza a la que tú tienes de seguro te llevara a un fracaso porque andarán divididos.

Recordemos que el Señor nos llamó a ser un pueblo Santo para Él, ahora, como Reyes y Sacerdote ya no nos podemos unir con cualquier persona que sea diferente a nosotros, de igual modo no debemos hacer contrato de negocio con personas de otra naturaleza, y así en todas las áreas de la vida, en esto hay sabiduría.

"El que tiene oídos oiga lo que el Espíritu dice"
Apocalipsis 3:13

Capítulo VII

¿Cuál es el conflicto que existe desde siempre, que nos impide caminar en Acuerdo?

Oseas 4:6

"Mi pueblo está siendo destruido porque no me conoce..."

El conflicto que existe actualmente y por los siglos es la falta de identidad que tenemos por la falta del conocimiento de Dios, solamente Él nos puede dar identidad firme, o mejor devolvernos al diseño original porque somos semejante a Él.

Así que Dios creó a los seres humanos a su propia imagen. A imagen de Dios los creó; hombre y mujer los creó"

Cuando comenzamos a conocer al Señor y comenzamos a disfrutar de Su amor que es tan alto, tan ancho, tan largo y tan profundo, cosa que solo podemos lograr a través de la lectura de la palabra, la oración y con la ayuda del Espíritu Santo y la obediencia de la misma, entonces, solamente entonces, nos daremos cuenta que toda nuestra vida ha sido consecuencia de una falta de sabiduría y de conocimiento a tal punto, que llegaríamos a entender solamente entonces por que las cosas nos han salido mal y por qué hemos estado frustrados, en contiendas y divisiones y simplemente entenderíamos el egoísmo con que hemos vivido, la desobediencia que nos ha abrigado y robado días de paz y felicidad.

Porque solamente cuando sabes quién es Él, quien eres tú en Él, cuando sabes todo lo que hizo por ti y lo que te ha dado, solamente entonces sabrás como actuar y cuan beneficioso es obedecerlo y hacer lo que nos dice en su palabra.

Y cuando comienzas a obedecer la palabra y hacer lo que Él nos dice, solamente entonces veras la veracidad de ella y lo bien que comienza a ir tu vida en las relaciones de cualquier índole, primeramente, con Dios, luego contigo y por supuesto con el prójimo.

¿Por qué se hace casi imposible tener relaciones saludables y duraderas y que puedan caminar en acuerdo?

El Gran Dios sabio y Todopoderoso nos dio la solución en dos mandamientos y una regla de oro:

1. "Amaras a Tu Dios con toda Tu alma, mente y corazón"
2. "Ama a tu prójimo como a Ti mismo"

Y la regla de oro:

- "No le hagas al prójimo lo que no te gusta que te hagan a ti"

Cuando comienzas a conocer a alguna persona, mientras más sabe de ella o de él, mientras más tiempo compartas con esa persona, más te interesas por esa persona, más la entiendes, más la amas, entonces podrás decir que la conoces y llega a un punto que tan solo con mirarle sabes lo que desea y le gusta.

Dios nos dice que lo amemos con todo lo que somos, pero eso no puede pasar así solamente porque lo decidamos hacer o decir, sino que el amarlo viene de conocerle, por intimar con Él, conocer su corazón, oír su voz, saber, su olor, y de la única manera que lo voy a conocer es a través de la lectura de la Palabra y de pasar tiempo con Él, conversar con Él, escucharle a Él, compartir tiempo con Él, Él es una persona, y mientras más lo conozco más lo voy a amar y de esa manera comienzo a aceptar el amor que Él deposito por Su Espíritu en mi corazón. Poder amarle hasta el desespero, poder amarle hasta la locura, poder amarle hasta desgarrarse el alma, en esa intensidad de desesperación debemos de amarle, como dice el Salmista:

Salmo 63:1-2

"Dios, Dios mío eres tú; De madrugada te buscaré; Mi alma tiene sed de ti, mi carne te anhela, En tierra seca y

árida donde no hay aguas, Para ver tu poder y tu gloria,
Así como te he mirado en el santuario"

Solo conociéndolo en esa dimensión comenzaremos a amarnos a sí mismos y solo entonces podremos amar al prójimo como a nosotros mismos, esa es la dinámica.

Quizás ahora puedas entender por qué se te hace difícil amar al prójimo, comprenderlo y aceptarlo y es simplemente porque no has aprendido a amarte y eso solamente ocurre porque no amas a Dios, porque no le conoces.

Esto parece una ecuación matemática, pero es así como funciona y es la correcta, NUNCA PODRAS AMAR A ALGUIEN QUE NO CONOCES y si dices que amas sin conocerle es una mentira.

Cuando tú amas al prójimo como a ti mismo quiere decir:

- Eres incapaz de ofenderle
- Eres capaz de cuidar y no hacer nada que perjudique a esa persona
- Eres capaz de pedir perdón y perdonar
- Eres capaz de desear para esa persona lo que quieres para ti
- Quieres que donde tu estas esa persona este
- Quieres compartir lo que posees

- Quieres que esa persona prospere como tú, sea feliz como tú, sea bendecida como lo eres tú, en la misma intensidad, de la misma manera.

Y en esa dinámica entra la regla de oro, nunca harías al prójimo algo que no te gustaría que te hagan a ti. Hasta que no te llegues a amar a tal punto que puedas entender que cada cosa que hagas te lo haces a ti misma o a ti mismo, y que constantemente estas sembrando en otros para tu propia cosecha, y que nadie más la va a recoger, solamente tu, hasta que no llegues a ese punto, seguirás experimentando la enemistad.

Unas de las evidencias del egoísmo es que:

- Siempre querrás que la otra persona este mal para que necesite de ti
- Te molesta que este feliz,
- Te molesta que prospere,
- Te molesta que logre propósitos, en otras palabras, no te alegras del beneficio de la otra parte.

Creo que podemos darnos cuenta de que el mal no está en ningún lugar, ni en ninguna cosa sino que el mal está en el hombre que tiene que ser cambiado solamente por aquel que lo creo, y que el mal no está en un hombre solamente sino que el mal está en toda la humanidad, quizás te puedas dar cuenta también del por qué está la sociedad como esta, de cómo están los países, de cómo está el mundo, no es por el diablo solamente sino porque el mal fue puesto por el diablo en el hombre cuando Adán y Eva pecaron, y esa es la legalidad que él tiene sobre los hombres hasta que somos libres en Jesús, esta es la causa mayor del por qué Jesús vino a la tierra y de por qué es urgente que seamos salvados por Él, porque, al ser salvados por Él, tu vida y la mía es librada de la ira venidera del Padre y nuestras vidas comienzan a ser transformadas a Su imagen y semejanza y entonces de ti y de mí, de lo más profundo de nuestro ser saldrá un Rio de Agua viva que salte para vida eterna, comenzaría a salir de ti y de mi todo el bien que es Dios en nosotros.

Capítulo VIII

Si dos se ponen de Acuerdo

Mateo 18:19

"Además os digo, que, si dos de vosotros se ponen de acuerdo sobre cualquier cosa que pidan aquí en la tierra, les será hecho por mi Padre que está en los cielos"

Aquí el Señor nos habla del poder de estar de Acuerdo en la oración y a mi entender en todo lo que hagamos en la vida, es un principio de vida y de bendición, pero para ello tenemos que saber que estar de **Acuerdo** en la Oración:

- Tiene que ver con la ley de la reconciliación (**Mateo 5:23-26**)
- Tiene que ver con saldar deudas
- Tiene que ver con ponernos a cuenta delante de Dios y los hombres.
- Tiene que ver con ponerte de acuerdo con tu hermano, a través de la reconciliación.

Esto tiene que ver con ser solícito en guardar la paz por el Espíritu (**Efesios 4:3-6**).

Efesios 6:4-6 *En este texto se exponen las 7 columnas de la unidad.*

1. *Un cuerpo*
2. *Un Espíritu*
3. *Llamados a una misma esperanza de vuestra vocación*
4. *Un Señor*
5. *Una Fe*
6. *Un Bautismo*
7. *Un Dios y Padre de todos, el cual es sobre todos, y por todos, y en todos.*

Estas son las columnas que sostienen la Unidad por el Espíritu, el enemigo constantemente tratara de romper una de esas columnas porque de ese modo rompe la unidad, y depende mucho de cada uno de nosotros y de nuestra obediencia al mandato de nuestro Señor. Eso es estar de **Acuerdo** con Él y Su Palabra

- Tiene que ver con guardar sus mandamientos y hacer las cosas que son agradables a Él y de esa manera recibiremos lo que pidiéremos de Él. (*1 Juan 3:22*)
- Tiene que ver con pedir conforme a Su voluntad eso quiere decir que estamos de **Acuerdo** con Él y si sabemos que Él nos oye en cualquier cosa que pidamos, sabemos que tenemos las peticiones que le hayamos hecho (*1 Juan 3:14-15*)
- Tiene que ver con la bendición de haber sido nacido de nuevo. Nadie que no haya nacido de nuevo, y sea

saciado por Dios en Su interior, y ame a Dios con todo su corazón, se ame a sí mismo, ... podrá estar de **Acuerdo** con otro.

Por eso la palabra dice que "Seamos SOLICITOS" y esta palabra quiere decir: diligente, cuidadoso, afanoso, atento, hacendoso, servicial. Se aplica a la persona que está dispuesta a servir y satisfacer a los demás, y eso solamente lo puedes hacer cuando tú estás satisfecho en Dios, de otra manera, aunque sirvas, si no estás satisfecho en Dios, esperaras a cambio una recompensa de hombre.

El estar de **Acuerdo** determina lo que queremos recibir de Dios, si no nos ponemos de **Acuerdo** no habrá oraciones respondida.

El **Acuerdo** es muy importante en todo lo que hagamos: *"Porque donde están dos o tres congregados en mi nombre, allí estoy yo en medio de ellos" **Mateo 18:20***

¿Qué quiere decir congregado?

Quiere decir reunir, o sea volverse a unir

Y dijimos que si no hay **Unidad** no hay **Acuerdo**.

Una de la garantía de que Dios está en medio de nosotros es el estar congregados en Su nombre, o sea reunidos, vuelto a unir y por tanto de Acuerdo, pero en ocasiones, o en la mayoría de las veces pueden haber muchas personas juntas y no estar de Acuerdo y mucho menos re-unidos y por tanto Dios no está ahí, es por ello que a veces estamos congregamos y no se ven oraciones contestadas, es por ello que no vemos la manifestación del único Dios sobrenatural, porque:

"SI NO ESTAMOS DE ACUERDO NO ESTAMOS UNIDOS Y POR TANTO EL NO ESTA AHÍ PRESENTE"

Es importante trabajar en esto y enseñarlo para que cada cual tome conciencia de su responsabilidad ante los miembros del cuerpo, porque por causa de unos pocos o de muchos, todo el cuerpo sufre parejo.

Y no solo estar todos en unidad y acuerdo unos con otros si no que nosotros individualmente tenemos que ser UN SOLO HOMBRE, tenemos que estar alineados en espíritu, alma y cuerpo, que sea una sola cosa.

Tenemos que aprender, cuando oremos, a ser guiados por el Espíritu Santo y callar nuestra voz cuando alguien está dirigiendo la oración para poder escucharla y poder ponerme de **Acuerdo** con esa persona, eso es orden, eso es respeto, eso es responsabilidad y eso también hay que enseñarlo y aprenderlo para poder estar de **Acuerdo** porque lo importante no es lo elocuente que seamos en una oración porque Dios lo que mira es el corazón, y recordemos que la mejor oración es la que el Espíritu Santo ora a través de nosotros con gemidos indecibles.

Romanos 6:26-27

"Y de la misma manera, también el Espíritu nos ayuda en nuestra debilidad; porque no sabemos orar como debiéramos, pero el Espíritu mismo intercede por nosotros con gemidos indecibles; y aquel que escudriña los corazones sabe cuál es el sentir del Espíritu, porque El intercede por los santos conforme a la voluntad de Dios.

Capítulo IX

Resoluciones para estar de acuerdo

Dios en Su infinita bondad dejo por escrito todo lo necesario para poder andar en acuerdo unos con los otros. Veamos

Resolución para el matrimonio

1 Corintios 7:10

"Pero a los que están unidos en MATRIMONIO, mando, no yo, sino el Señor: Que la mujer no se separe del marido"

Hebreos 13:4

"Honroso sea en todos el MATRIMONIO, y el lecho sin mancilla; pero a los fornicarios y a los adúlteros los juzgará Dios."

Resolución para el marido

Efesios 5:25

"MARIDOS, amad a vuestras mujeres, así como Cristo amó a la iglesia, y se entregó a sí mismo por ella"

Efesios 5:28-29

"Así también los MARIDOS deben amar a sus mujeres como a sus mismos cuerpos. El que ama a su mujer, a sí mismo se ama. Porque nadie aborreció jamás a su propia carne, sino que la sustenta y la cuida, como también Cristo a la iglesia"

Colosenses 3:19

"MARIDOS, amad a vuestras mujeres, y no seáis ásperos con ellas."

1 Pedro 3:7

"Vosotros, MARIDOS, igualmente, vivid con ellas sabiamente, dando honor a la mujer como a vaso más frágil, y como a coherederas de la gracia de la vida, para que vuestras oraciones no tengan estorbo"

Resolución para la casada

Efesios 5:22

"Las CASADAS estén sujetas a sus propios maridos, como al Señor"

Efesios 5:24

"Así que, como la iglesia está sujeta a Cristo, así también las CASADAS lo estén a sus maridos en todo"

Colosenses 3:18

"CASADAS, estad sujetas a vuestros maridos, como conviene en el Señor"

1 Pedro 3:1

"Asimismo vosotras, mujeres, estad sujetas a vuestros MARIDOS; para que también los que no creen a la palabra, sean ganados sin palabra por la conducta de sus esposas"

1 Pedro 3:5

"Porque así también se ataviaban en otro tiempo aquellas santas mujeres que esperaban en Dios, estando sujetas a sus MARIDO"

Tito 2:4-5

"Que enseñen a las mujeres jóvenes a amar a sus MARIDOS y a sus hijos, a ser prudentes, castas, cuidadosas de su casa, buenas, sujetas a sus MARIDOS, para que la palabra de Dios no sea blasfemada."

Si nos detenemos cuidadosamente en los textos bíblicos que escribimos arriba nos podremos dar cuenta como en todos Dios le aconseja:

1. A los Maridos que AMEN a sus esposas

2. A las Esposas que se SUJETEN a sus Maridos.

¿Qué es Amar para los Maridos?

1 Corintios 13:4-7

"El amor es paciente y bondadoso. El amor no es celoso ni fanfarrón ni orgulloso ni ofensivo. No exige que las cosas se hagan a su manera. No se irrita ni lleva un registro de las ofensas recibidas. No se alegra de la injusticia, sino que se alegra cuando la verdad triunfa. El amor nunca se da por vencido, jamás pierde la fe, siempre tiene esperanzas y se mantiene firme en toda circunstancia"

Tenemos que tener conciencia que AMAR no es un sentimiento, Amar no es provocado por una atracción física, Amar no tiene que ver con la atracción sexual, AMAR es una Persona, y esa persona es Dios, y Amar es conocerlo a Él, de la única manera que un hombre puede Amar a una mujer según el standard de Dios es conociéndole a Él, es conociendo como El Ama a Su Iglesia, la parte que le toca al hombre, es llenarse de Dios todo el tiempo para poder vaciarse en la mujer de todo lo que Dios le da. Creo que es muy simple la relación matrimonial si conocemos cual es la función de cada parte y hacerla "Como para El Señor", porque mi responsabilidad no es con mi conyugue sino con la parte del Acuerdo que Dios nos dejó escrito para el matrimonio.

Creo que el Pacto de Amor que hace un matrimonio en el altar debe estar basado en estos textos Bíblicos porque además de hacer Pacto de Amor entre las partes también están haciendo Pacto de Amor eterno según los estándares de Dios.

¿Qué es sujetarse para la Mujer?

La palabra "sujetarse" en el Nuevo Testamento es un término militar que significa ponerse debajo de la autoridad de otro. Y esto no es ponerse debajo del hombre porque el valor de la mujer sea menos, no se trata de ello, se trata de que Dios le dio al hombre esa posición y por obediencia, solamente ocupar el lugar que le corresponde a cada uno le da honras al Señor y bendición para cada una de las partes.

"Resolución entre Dios, los Padres y los Hijos"

Efesios 6:1

"HIJOS, obedeced en el Señor a vuestros padres, porque esto es justo"

Efesios 6:4

"Y vosotros, padres, no provoquéis a ira a vuestros HIJOS, sino criadlos en disciplina y amonestación del Señor"

Colosenses 3:20

"HIJOS, obedeced a vuestros padres en todo, porque esto agrada al Señor"

Colosenses 3:21

"Padres, no exasperéis a vuestros HIJOS, para que no se desalienten"

A los Hijos les corresponde Obedeced y si nos damos cuenta Dios nos da un mandato de obedeced termina en "D" y lo tenemos que hacer:

1. Porque es justo
2. Porque agrada al Señor

Cuando Amamos al que ama nuestra alma vamos a querer obedecerle y agradarle y por tal motivo, por amor a Nuestro Padre, y por obediencia nos comportamos con nuestros padres terrenales como nuestro Padre Celestial nos pide y si Él nos lo ordena es porque lo podemos lograr con Su ayuda.

A los Padres nos corresponde:

1. No provocarles a ira sino criadlos (también es un mandato) en disciplina y amonestación del Señor.

Tenemos que saber cuál es la disciplina del Señor según corresponda, eso me habla de relación con el Espíritu y guianza recordemos que nuestros hijos son Hijos de Dios herencia de Jehová.

2. No exasperarles (enojar, irritar, exacerbar, exaltar, sacar a alguien de sus casillas) para que no se desalienten. Para lograr eso simplemente tenemos que mantenernos en oración dependiendo del Espíritu Santo todo el tiempo.

Proverbio 6:20-23

"Guarda, hijo mío, el mandamiento de tu padre, y no dejes la enseñanza de tu madre; Átalos siempre en tu corazón, Enlázalos a tu cuello. Te guiarán cuando andes; cuando duermas te guardarán; Hablarán contigo cuando despiertes. Porque el mandamiento es lámpara, y la enseñanza es luz, Y camino de vida las reprensiones que te instruyen"

1. Los padres dan mandamientos.
2. Las madres enseñan
3. A los hijos les corresponde guardar los mandamientos y las enseñanzas.

Resolución entre amigos

Juan 15:12-15

"Éste es mi mandamiento: Que se amen unos a otros, como yo los he amado. Nadie tiene mayor amor que éste, que es el poner su vida por sus amigos. Ustedes son mis amigos, si hacen lo que yo les mando. Ya no los llamaré siervos, porque el siervo no sabe lo que hace su señor; yo los he llamado amigos, porque todas las cosas que oí de mi Padre, se las he dado a conocer a ustedes"

En mi opinión este texto encierra todo lo que tiene que ver con la amistad, si comenzamos siendo Amigos de Jesús así como Él nos llama Amigos entonces tendremos amistades maravillosas y esto es a pesar de las personas, si se lo merecen o no, esto es a pesar de que hagan lo mismo que yo RECORDEMOS nuestra responsabilidad es OBEDECER lo que Dios manda porque es un mandamiento, así que el Mandamiento es AMARSE LOS UNOS A LOS OTROS a partir de ahí parte todo lo demás.

Proverbios 17:17

"El amigo ama en todo momento; en tiempos de angustia es como un hermano"

Romanos 12:10

"Amémonos unos a otros con amor fraternal; respetemos y mostremos deferencia hacia los demás"

Proverbios 13:20

"Quien se junta con sabios, sabio se vuelve; quien se junta con necios, acaba mal"

Proverbios 17:9

"El que perdona el pecado, busca afecto; el que lo divulga, aleja al amigo"

Proverbios 16:28

"El que es perverso provoca contiendas; el chismoso aparta a los mejores amigos"

Proverbios 18:24

"Hay amigos que no son amigos, y hay amigos que son más que hermanos"

Proverbios 22:24-25

"No tengas nada que ver con gente violenta, ni te hagas amigo de gente agresiva, para que no imites su conducta y tú mismo te tiendas una trampa"

Proverbios 27:9

"El bálsamo y el perfume alegran el corazón; los consejos del amigo alegran el alma"

Proverbios 27:17

"El hierro se pule con el hierro, y el hombre se pule en el trato con su prójimo"

En otras palabras, debemos de:

- Amarnos
- Perdonarnos los pecados y no divulgarlo
- Respetarnos
- Aconsejarnos
- Dejar que Dios nos pula a través de otro hermano
- Buscar amigos sabios
- Mostremos deferencia hacia los demás. Deferencia quiere decir: consideración, respeto, atención.

Esto es **Acuerdo**, que cada cual haga la parte que le corresponde según la Palabra de Dios y en obediencia a esa Palabra, no buscando cada uno lo que es de uno mismo si no lo que es de Cristo.

Yo me pongo de acuerdo con la Palaba escrita y de ese modo caminare de acuerdo contigo.

Les exhorto a que se pongan de acuerdo con Dios, con ustedes y con su prójimo, sean bendecidos.

Made in the USA
Columbia, SC
19 February 2025

54114326R00052